RONDO
Arbeitsheft 5

Autoren

Wolfgang Junge
Sabine Schaal

Notensatz

Susanne Höppner

Illustrationen

Benjamin König
Elisabeth Lottermoser
Achim Schulte
Jutta Wetzel

Mildenberger

1. Erarbeitet in Gruppen das Begrüßungs-Warm-up.

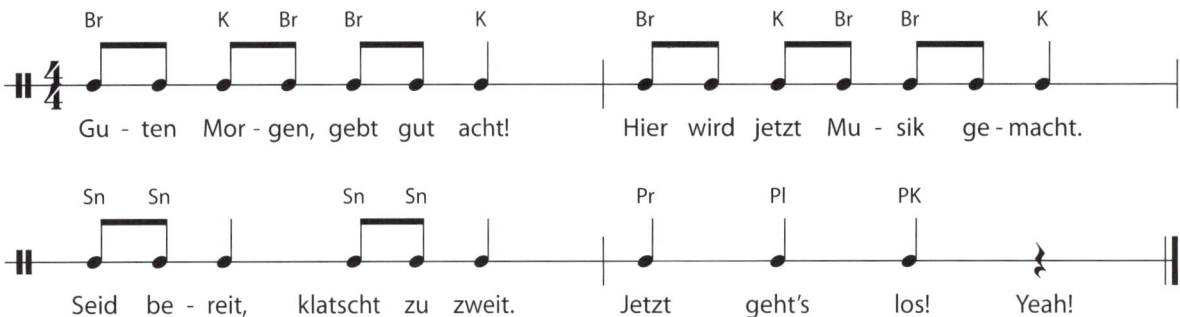

Guten Morgen, gebt gut acht! Hier wird jetzt Musik gemacht.

Seid bereit, klatscht zu zweit. Jetzt geht's los! Yeah!

Text und Rhythmus: Sabine Schaal

Bodypercussion

Möglichkeiten

Br = auf den Brustkorb patschen
K = in die eigenen Hände klatschen
PK = mit einem Partner beidhändig klatschen
Pl = in die linke Hand des Partners klatschen
Pr = in die rechte Hand des Partners klatschen
Sn = schnipsen

2. Ändere das Warm-up, z.B. durch Wiederholungen einzelner Takte, einer Variation der Bodypercussion oder dem Weglassen des Sprechtextes.

3. Erfinde ein eigenes Begrüßungs-Warm-up. Verwende hierfür die vorgegebenen und auch selbst erfundene Rhythmusbausteine. Schreibe dein Warm-up auf.

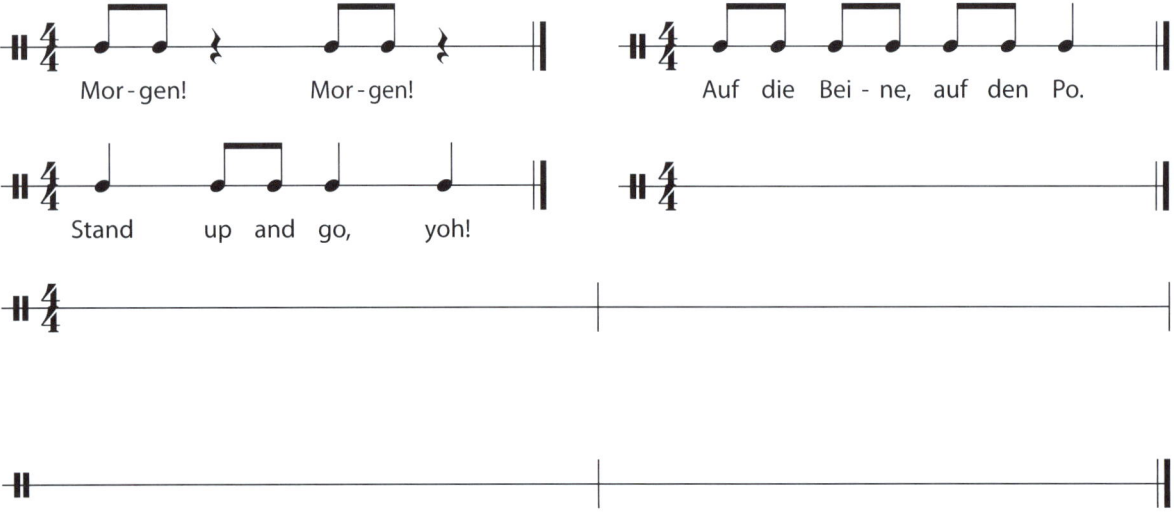

Mor-gen! Mor-gen! Auf die Bei-ne, auf den Po.

Stand up and go, yoh!

4. Probiere unterschiedliche Bodypercussion-Möglichkeiten aus und füge diese in dein Begrüßungs-Warm-up ein.

1. Schätze die Dezibel(dB)-Stärke der Klangereignisse. Orientiere dich dabei an der Lärm-Tabelle im Schülerbuch. Beginne mit dem leisesten Klangereignis.

Klangereignisse

Bohrmaschine

Radio in Zimmerlautstärke

Rasenmäher

schreien

leichter Regen

Wasserfall

Silvesterkracher, 1 m entfernt

Fliege

Kühlschrankbrummen

leises Gruppengespräch

Waldrauschen

Popkonzert

2. Schreibe die Klangereignisse in der von dir geschätzten Reihenfolge auf einen Zettel.

3. Vergleicht eure Schätzungen miteinander und informiert euch über die richtige Reihenfolge (Internet, Lehrer).

4. Trage die Klangereignisse in der richtigen Reihenfolge in die Lärm-Tabelle ein.

Lärm-Tabelle

Klangereignis	Dezibel-Stärke
	130 dB
	120 dB
	110 dB
	90 dB
	80 dB
	70 dB
	60 dB
	50 dB
	40 dB
	30 dB
	20 dB
	10 dB

Edvard Grieg: Morgenstimmung

zu S. 24, 25 A 12

1. Bildet Gruppen und stellt den Anfang der „Morgenstimmung" in einer Bewegungsgestaltung dar. Achtet dabei auf die Lautstärke und auf den Wechsel der Soloinstrumente (Flöte: blau, Oboe: rot) beim Thema.

2. Wählt ein „Sonnenkind", das auftritt, wenn die Streichinstrumente (gelb) das Thema übernehmen. Tanzt am Schluss alle zusammen.

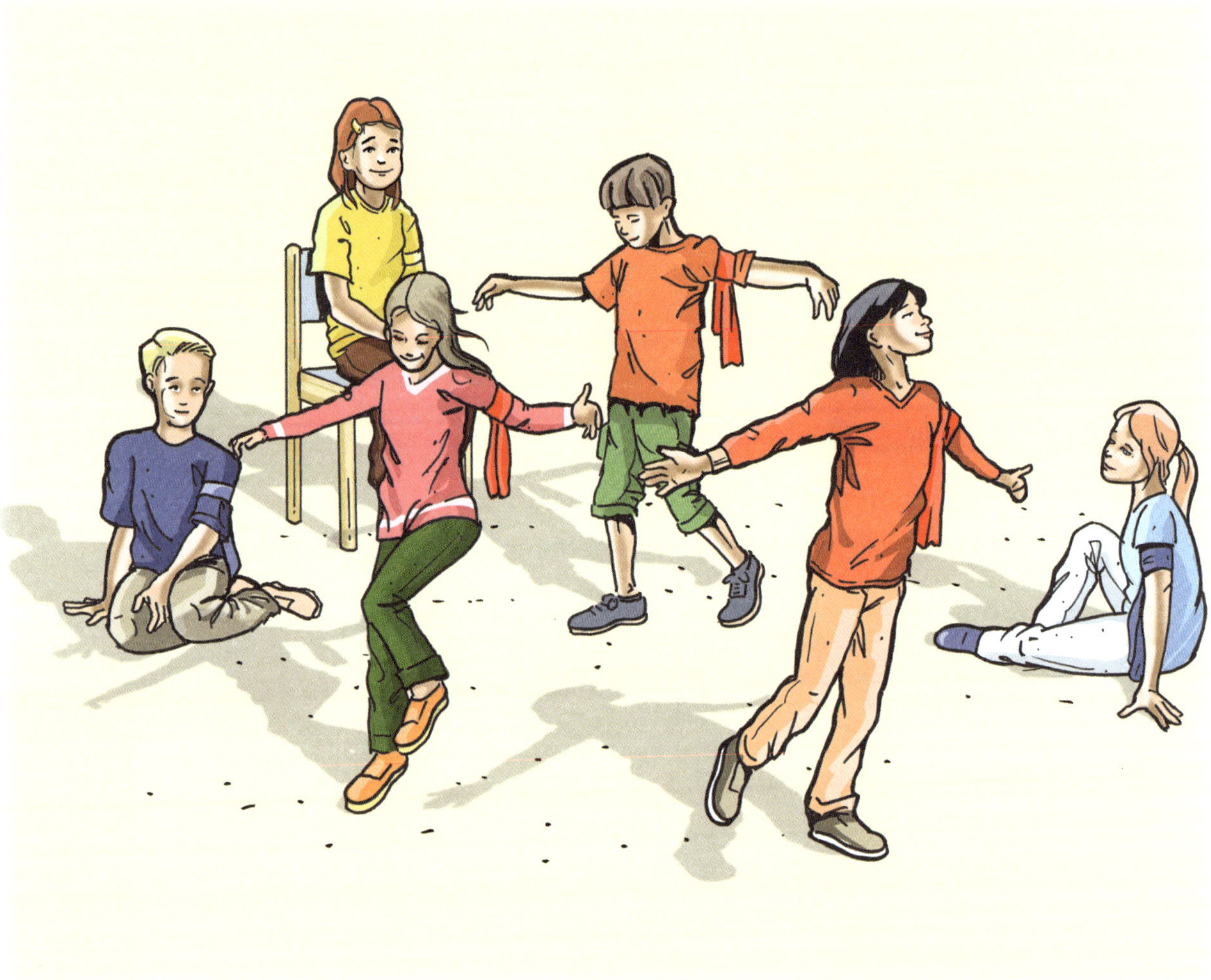

3. Passt eure Bewegungsgestaltung dem Ablauf der Musik genau an. Untersucht dafür den Ablaufplan im Schülerbuch und beantwortet folgende Fragen:

1. Welches Instrument spielt das Thema zuerst? ____________________
2. Ab welchem Takt nimmt die Lautstärke zu (crescendo)? ab Takt ______________
3. Ab welchem Takt erklingt die Musik laut (f)? ab Takt ______________
4. Ab welchem Takt erklingt die Musik sehr laut (ff)? ab Takt ______________
5. Ab welchem Takt übernehmen die Streichinstrumente das Thema? ab Takt ______________

4. Filmt eure Bewegungsgestaltung. Seht euch die Aufnahme an und überprüft die Bewegungsgestaltung anhand des Ablaufplans im Schülerbuch.

1. Lies beim Hören des „Sonnenaufgangs" die Partitur im Schülerbuch mit.

2. Trage unten die Instrumentennamen ein, ordne die Instrumente den richtigen Instrumenten-familien zu und markiere die Kästchen entsprechend.

3. Wann setzen die Instrumente und der Sänger ein? Nimm die Partitur zu Hilfe.

Holzblasinstrumente: ☐   Blechblasinstrumente: ☐

Streichinstrumente: ☐   Schlaginstrumente: ☐

Querflöte ☐

Einsatz: Takt 1

Einsatz: _____

Einsatz: _____

Einsatz: _____

Einsatz: _____

Einsatz: _____

Einsatz: _____

Einsatz: _____

Einsatz: _____

Einsatz: _____

Sänger

Einsatz: _____   Einsatz: _____

1. Höre „Morgens um sieben ist die Welt noch in Ordnung" und zeige passend zum Ablauf der Musik auf die Bildkarten.

2. Ordne die Bildkarten den Textkarten zu.

Bildkarten

A

B

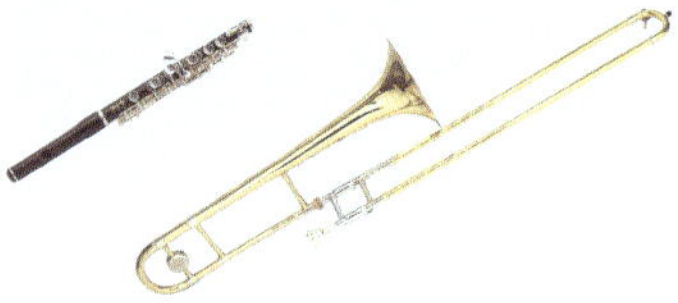

C

D

E

F

G

H

Textkarten

A	Zwischen den Einwürfen von Piccoloflöte und Posaune spielen Trompeten jeweils leise einen kurzen Ton.

	Die Trompeten spielen das Thema. Violinen und Chor (gesummt) untermalen leise.

	Glocken ertönen. Die Trompeten spielen leise. Die Musik verklingt.

	Die Piccoloflöte bringt kurze Einwürfe.

	Schlagzeug und Posaune beginnen.

	Die Violinen spielen lebhafte Tonfolgen von oben nach unten.

	Piccoloflöte und Posaune wechseln sich mit kurzen Tonfolgen ab.

	Die Violinen spielen eine ruhige Oberstimme. Das Thema erklingt höher und lauter.

3. Höre die Musik erneut und schreibe den Ablauf auf.

Ablauf

F							

1. Singe das Lied und überlege, wie ein Vor- und Nachspiel dazu klingen könnte (Tempo, Tonhöhe, Instrumentenauswahl).

2. Erfinde auf Stabspielen oder Keyboards ein Vor- und Nachspiel mit Tönen aus der Pentatonik. Benutze die Tipps als Hilfe.

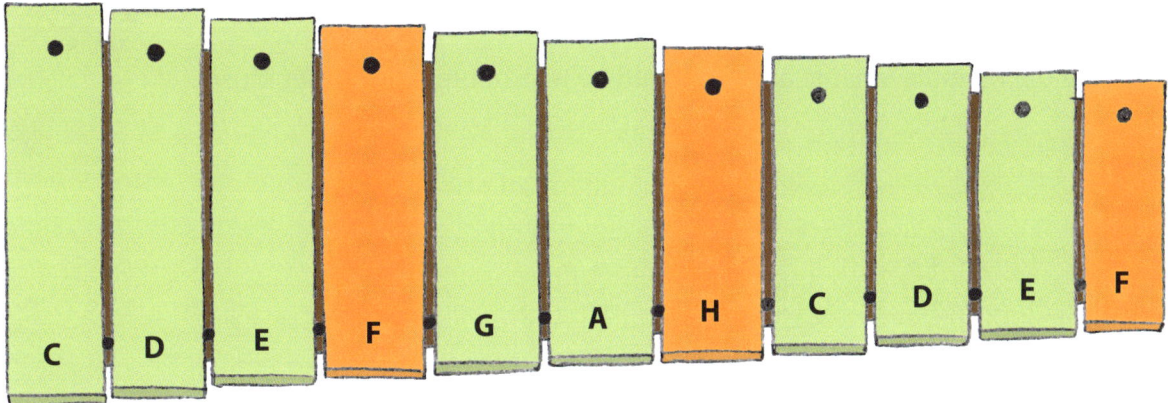

Tipps

Setze Tonwiederholungen, Tonschritte und Tonsprünge ein.

Beginne und beende deine Melodie mit C.

Verwende erst Teile aus der Liedmelodie, dann nach und nach weitere Töne.

3. Finde einen passenden Rhythmus für deine Melodie. Klatsche dazu die Rhythmusbausteine und probiere aus.

Rhythmusbausteine

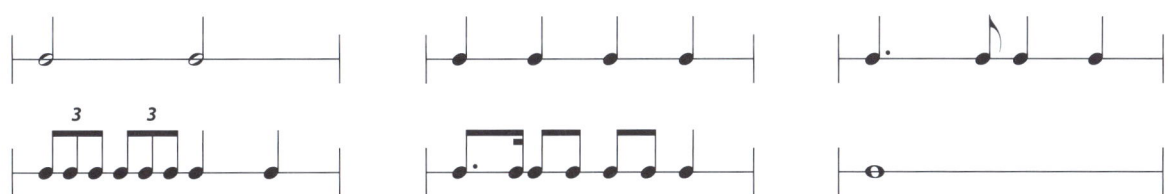

4. Schreibe das Vor- und Nachspiel auf. Die dafür benötigten Noten findest du im Schülerbuch auf Seite 207.

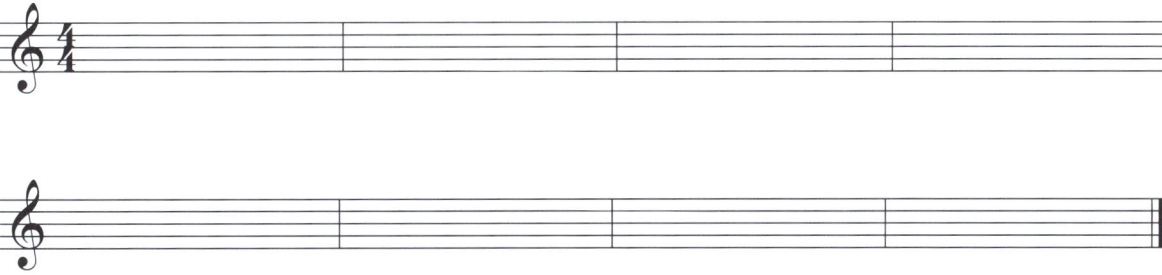

5. Entscheidet euch für ein Vor- und Nachspiel und nehmt es zusammen mit dem Lied auf. Überlegt beim Hören der Aufnahme, was ihr noch verbessern könntet.

Antonio Vivaldi: *Die vier Jahreszeiten*

1. Höre die Anfänge der vier Konzerte in beliebiger Reihenfolge und zeige auf die entsprechenden Notenbilder.

2. Lies die Sonette (→ S. 9) und höre dann die Anfänge der vier Konzerte erneut in beliebiger Reihenfolge. Trage die passenden Überschriften über den Notenbildern ein.

3. Vervollständige die leeren Takte in den Notenbildern.

4. Verfolge die Melodieverläufe am Notenbild beim erneuten Hören der Musik.

Notenbilder

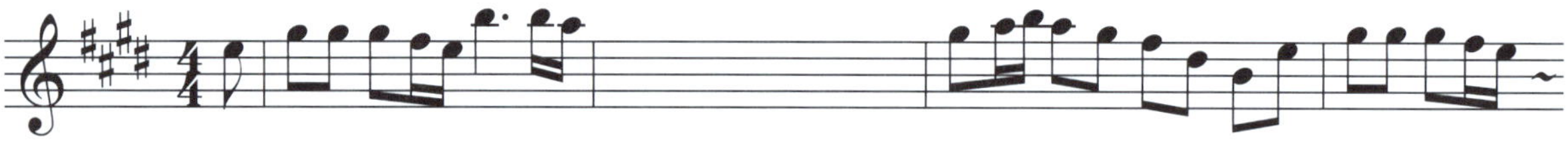

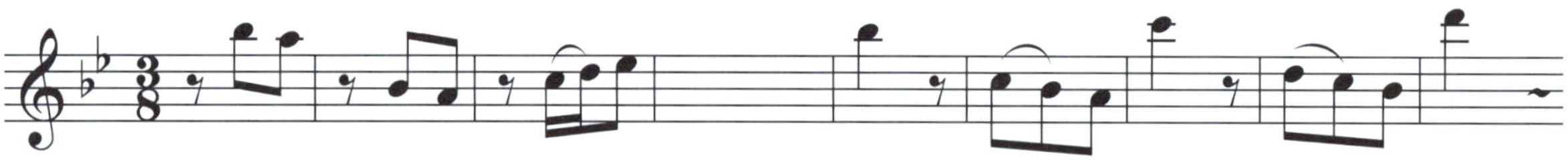

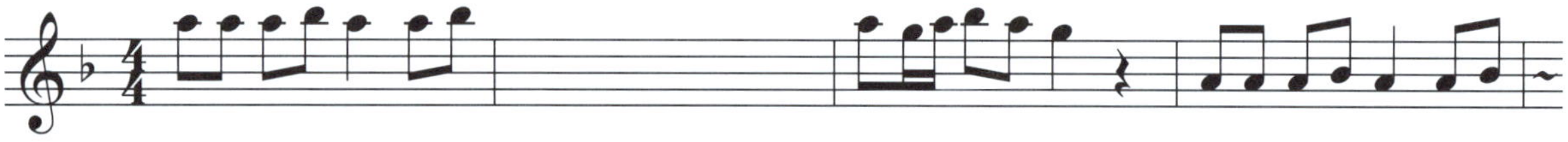

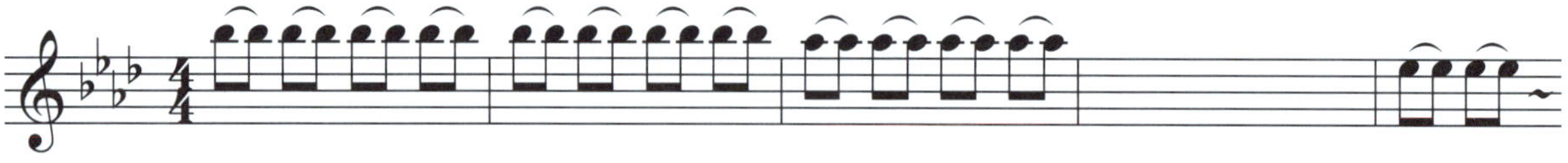

Antonio Vivaldi

Sonette

Der Frühling

Der Frühling ist gekommen und freudig
begrüßen ihn die Vögel mit heiterem Gesang.
Wenn die Zephirwinde schmeicheln,
murmeln süß die Quellen.
Wenn der Himmel sich in Schwarz hüllt,
Blitz und Donner erschrecken,
verstummt der Vögel Gesang
und lebt im wiedergewonnenen Licht erst auf.

Der Sommer

Unter der lastenden Hitze der Sonne
dürsten Menschen und Herde und versengt die Pinie,
erhebt der Kuckuck die Stimme
und mit ihm singen Taube und Stieglitz.

Der Herbst

Glücklich feiert der Bauer
mit Tanz und Gesang die gute Ernte,
und vom süßen Weine des Bacchus entflammt,
endet der Genuss im Schlummer.

Der Winter

Zu gefrorenem Schnee erstarrend,
bei Kälte und grausamem Wind,
hackenschlagend, wärmesuchend,
zähneklappernd.

Ingrid Hermann

5. Lies die Musikbeschreibungen der vier Jahreszeiten und ordne sie in die Tabelle ein. Höre dazu mehrmals die Musik.

Der Frühling: schreitend, sprunghaft, hell, leicht, tief
Der Sommer: schleppend, Tonsprünge, weich, tänzerisch, leise
Der Herbst: rhythmisch, düster, leise, schnell, feierlich
Der Winter: hart, schräg, spannend, Tonwiederholungen, ungleichmäßig

	passt	**passt teilweise**	**passt nicht**
Der Frühling			
Der Sommer			
Der Herbst			
Der Winter			

6. Begründe zwei deiner Entscheidungen.

1. Suche die Liedanfänge im Schülerbuch und finde heraus, um welche Jahreszeitenlieder es sich handelt.

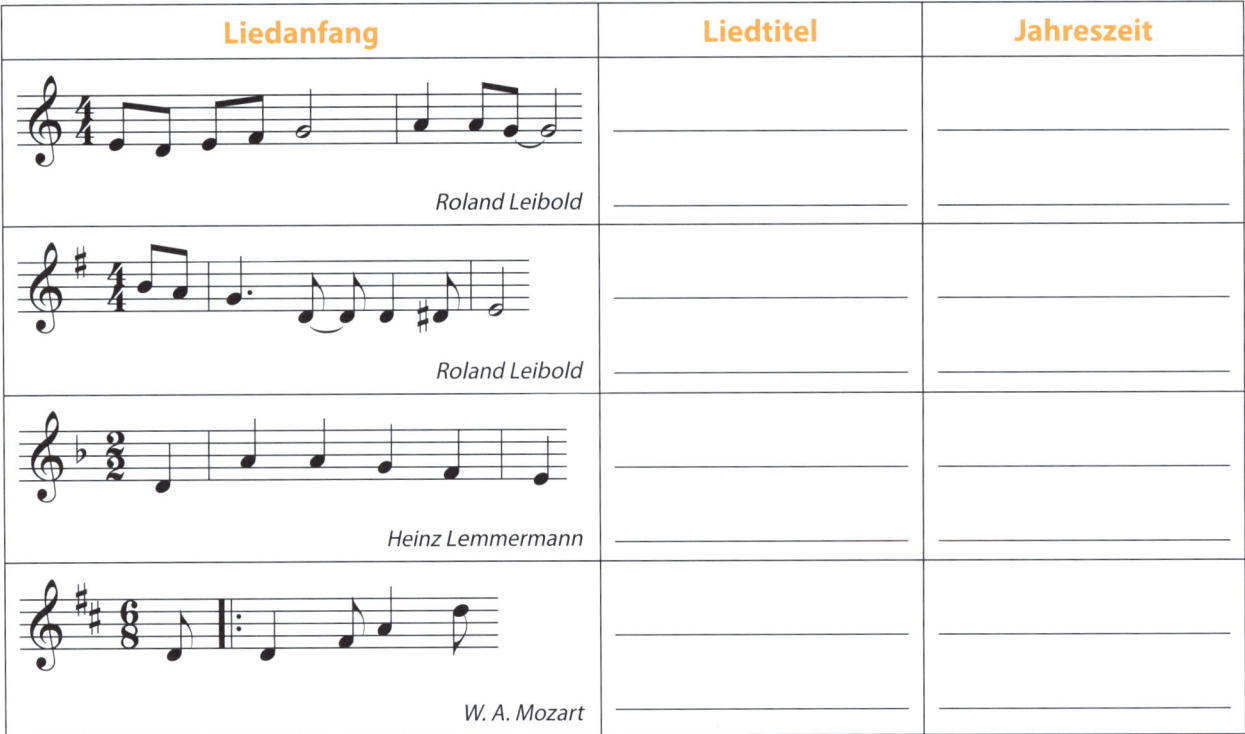

Liedanfang	Liedtitel	Jahreszeit
Roland Leibold		
Roland Leibold		
Heinz Lemmermann		
W. A. Mozart		

2. Suche zwei Lieder aus und beschreibe sie mithilfe der Wortkarten. Notiere jeweils zuerst den Liedtitel.

Wirkung   Textinhalt   Melodieverlauf   Taktart

Motive   Melodierhythmus   Form   Sonstiges

_____

_____

_____

_____

_____

_____

_____

3. Unterstreiche in deinem Text mit drei unterschiedlichen Farben, was bei den beiden Liedern gleich, ähnlich und anders ist.

1. Hört den „Wild-One-Mixer" und tanzt den Tanz dazu.

2. Ordne die Abbildungen dem Ablauf des Tanzes zu.

3. Schreibe die Tanzsprache in der richtigen Reihenfolge neben die Bilder.

Vergleiche Leben und Werk der Komponisten Antonio Vivaldi und Wolfgang Amadeus Mozart miteinander. Fülle dazu die Tabelle aus.

	Antonio Vivaldi	Wolfgang Amadeus Mozart
Lebensdaten		
Geburtsort, Land		
Erste Begegnungen mit Musik		
Instrumente, die er spielte		
Aufenthaltsorte		
Bekannte Kompositionen		
Beschreibung der Musik		

Joseph Haydn

Trage die Wörter passend ein.

Joseph Haydn

Joseph Haydn wurde im Jahre _____ in _____

geboren. In Haydns Elternhaus wurde viel _____.

Schon als Sechsjähriger erhielt Haydn Unterricht in den Fächern

_____, _____ und _____. Dem Chorleiter

der berühmten _____ fiel Haydns

Stimme sofort auf. Daraufhin holte er ihn als _____

an den Stephansdom in Wien. Haydn war durch seine _____ Stimme als

_____ sehr beliebt.

Nach seiner Zeit im Stephansdom beschloss Haydn, als freischaffender Musiker zu leben. Er gab

_____, _____ und trat bei kaiserlichen Familien auf.

Nach einer kurzen Zeit beim Grafen von Morzin erhielt Haydn eine Anstellung beim Fürsten

Esterházy in Eisenstadt. Die Arbeitsbedingungen waren _____. Dennoch komponierte

Haydn dort viele seiner _____. Nach dem Tod des Fürsten Esterházy zog Haydn

nach Wien. Von dort aus reiste er mehrmals nach _____, wo er sehr berühmt wurde.

Bekannte Werke von Haydn sind unter anderem die Sinfonien Nr. 45, genannt _____

_____, und Nr. 94, genannt _____

_____. Das Oratorium „Die Schöpfung" ist auch sehr

bekannt. Dort stellt Haydn mit musikalischen Mitteln die Erschaffung der Welt dar, wie beispiels-

weise den ersten _____.

Das Thema des 2. Satzes des „Kaiserquartetts" ist die Melodie der _____

_____.

1732	„Die Abschiedssinfonie"	Österreich	komponierte	Klavier
gesungen	Sinfonien	„Die Sinfonie mit dem Paukenschlag"		Chorknaben
Wiener Sängerknaben	London	Gesang	Violine	hart	Sonnenaufgang
helle	Solosänger	Deutschen Nationalhymne	Klavierunterricht	

Wolfgang Amadeus Mozart

1. Informiere dich im Schülerbuch über Wolfgang Amadeus Mozart.

2. Löse das Kreuzworträtsel.

3. Schreibe die Buchstaben aus den farbigen Kästchen auf einen Zettel. Die Buchstaben einer Farbe bilden jeweils ein Wort. Wie lautet die Lösung?

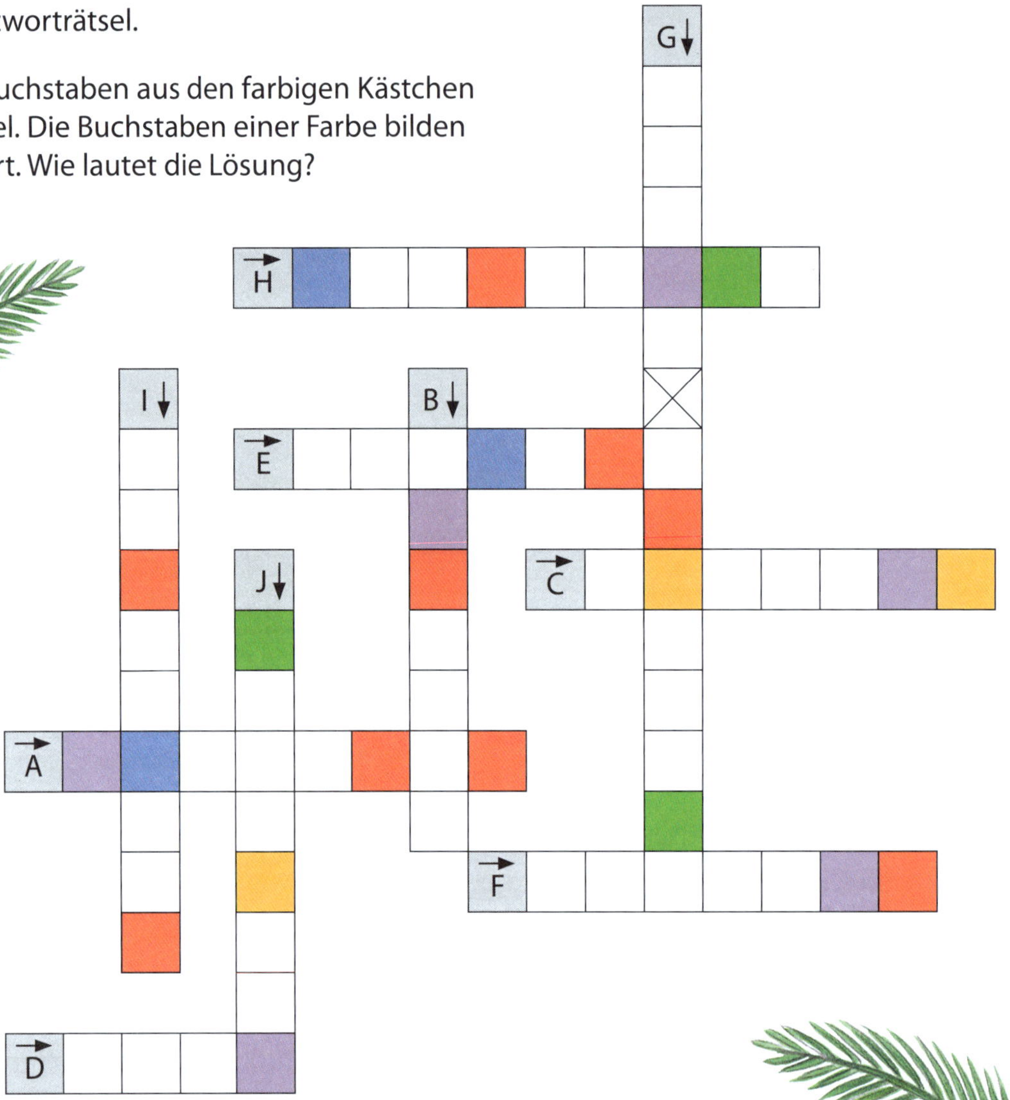

A: Nenne die Geburtsstadt Mozarts.
B: Wolfgang Amadeus Mozart hatte eine Schwester. Wie wurde sie genannt?
C: Der Vater von Wolfgang Amadeus Mozart hieß …?
D: Mit wie vielen Jahren erhielt Mozart den ersten Musikunterricht?
E: Mozarts erste Komposition beendete er mit fünf Jahren. Wie nannte er dieses Werk?
F: Für welches Instrument schrieb Mozart diese erste Komposition?
G: Wolfgang Amadeus Mozart und seine Schwester spielten sogar am Hofe der österreichischen Kaiserin …
H: Für den Erzbischof komponierte er viele …
I: Wie hieß Mozarts Ehefrau mit Vornamen?
J: In welchem Monat des Jahres 1791 starb Mozart?

Lösungswort:

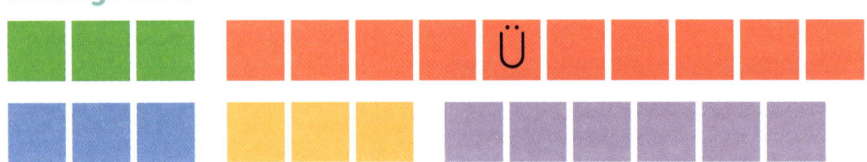

1. Höre den 1. Satz der Serenade G-Dur in der A-capella-Version und in der Metal-Version.

2. Beschreibe die unterschiedlichen Interpretationen und vergleiche sie mit dem Original von Wolfgang Amadeus Mozart. Nutze die vorgegebenen Karten und informiere dich im Schülerbuch.

3. Markiere die Karten in der zur Tabelle passenden Farbe und fülle die Tabelle aus.

Band	zart	kraftvoll	durchgehend laut
schnell	mäßig	metallisch	leise
durchgängig sehr schnell	gemischte Singstimmen	fröhlich	
Kammerensemble	eintönig	hart	atemlos
laut und leise im Wechsel	?	?	?

	A-capella-Version	**Metal-Version**	**Original**
Tempo			
Dynamik			
Instrumente / Stimme			
Wirkung			

1. Singe „Morgen kommt der Weihnachtsmann" und klatsche leise den Melodierhythmus mit. Höre das Lied auch von der CD, wenn du Hilfe brauchst.

2. Achte auf Tonwiederholungen, Tonschritte und Tonsprünge in der Melodie.
Finde heraus, welche Motive sich wiederholen. Schreibe auf, was dir aufgefallen ist.

_____

_____

3. Schreibe den Melodierhythmus über den Text. Singe dabei immer wieder die Melodie und
klatsche leise den Melodierhythmus mit. Vergleiche die Rhythmen der verschiedenen Liedteile
miteinander.

Text: Hilger Schallehn

4. Schreibe die Noten des Lieds auf. Kontrolliere mit einem Instrument oder mit Gesang.

Text: Hilger Schallehn

Tonvorrat

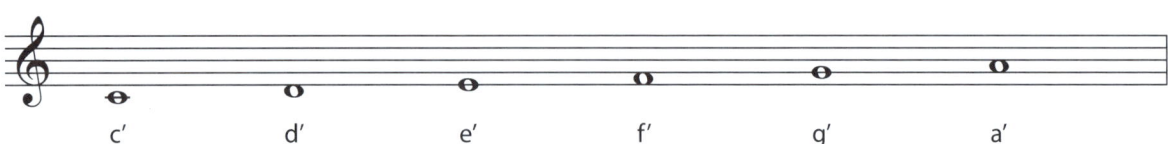

5. Sprecht darüber, was euch beim Aufschreiben des Lieds geholfen hat.

1. Ordne die selbst gebauten Instrumente den Originalen zu, indem du die Bilder mit Linien verbindest.

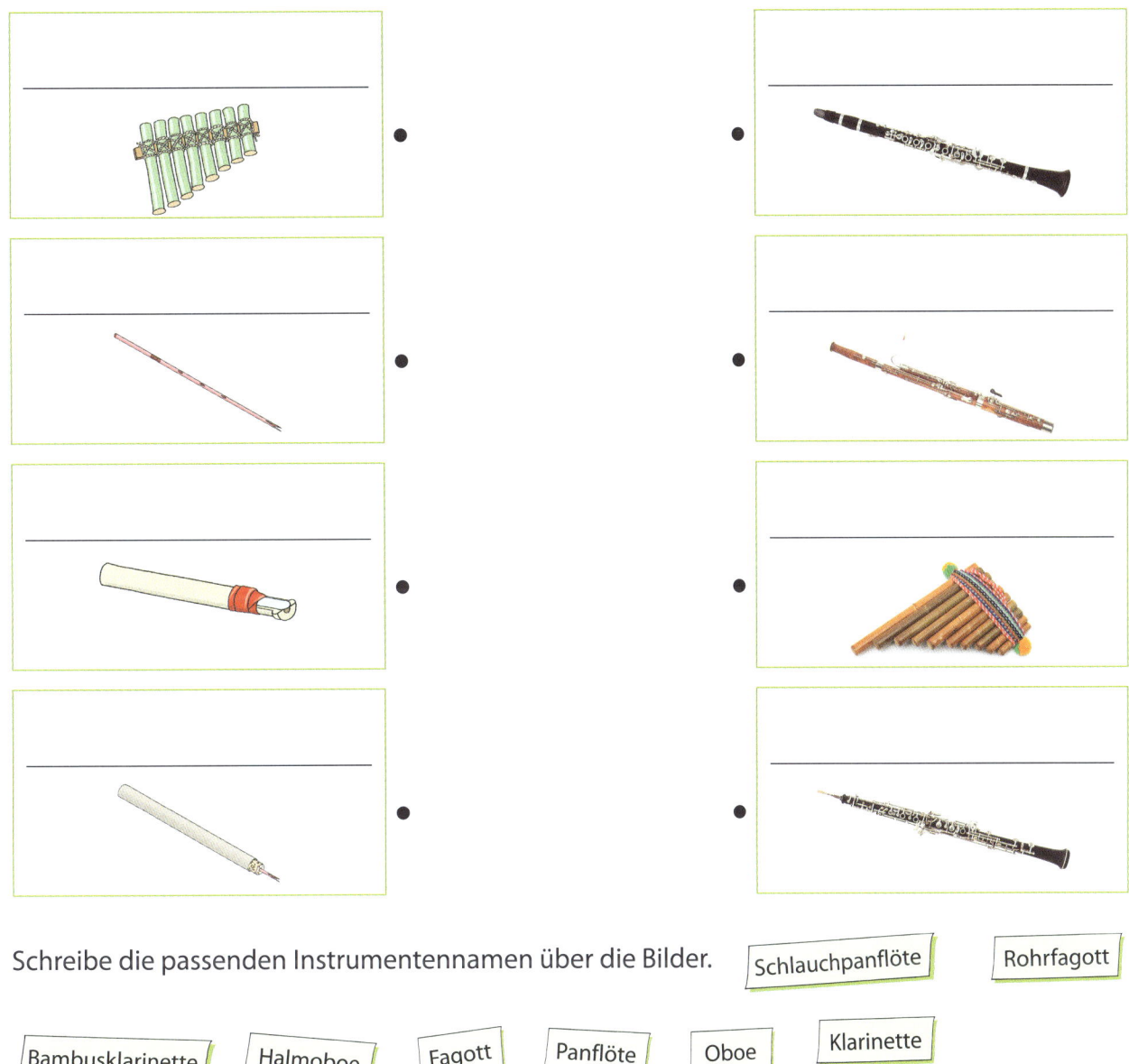

2. Schreibe die passenden Instrumentennamen über die Bilder.

Schlauchpanflöte   Rohrfagott

Bambusklarinette   Halmoboe   Fagott   Panflöte   Oboe   Klarinette

3. Suche dir ein Instrumentenpaar aus und erkläre deine Zuordnung mithilfe der Vergleichskriterien Mundstück, Form und Spielweise. Informiere dich zusätzlich im Schülerbuch.

Instrumente: _____

Vergleichskriterien	Erklärung

1. Höre Ausschnitte aus dem „Klarinettenquintett" und dem „Klarinettenkonzert" von Wolfgang A. Mozart sowie der „Rhapsody in Blue" von George Gershwin und achte dabei auf die Klarinette.

2. Kennzeichne die Wortkarten für Klangbeschreibungen mit einem „K" und die Wortkarten für Spieltechnikbeschreibungen mit einem „S".

K	schmeichelnd		weich		warm		sanft		rund

	melodisch		vibrato		heiser		glissando		legato

	leuchtend		belebt		grell		staccato

3. Ordne die Erklärungen den italienischen Begriffen zu.

kurze, angestoßene Töne   gleitende Töne

gebundene Töne   vibrierende Töne

vibrato: _____   staccato: _____

legato: _____   glissando: _____

4. Beschreibe den Klang und die Spieltechnik der Klarinette in den 3 Hörbeispielen.

Musikstück	Klang	Spieltechnik
Klarinettenquintett		
Klarinettenkonzert		
Rhapsody in Blue		

5. In welchem Ausschnitt hörst du den großen Tonumfang der Klarinette besonders gut heraus?

_____

6. Hast du noch weitere Begriffe für die Klangbeschreibung der Klarinette gefunden? Schreibe auf.

_____

1.   Beschrifte die Teile des Fagotts.

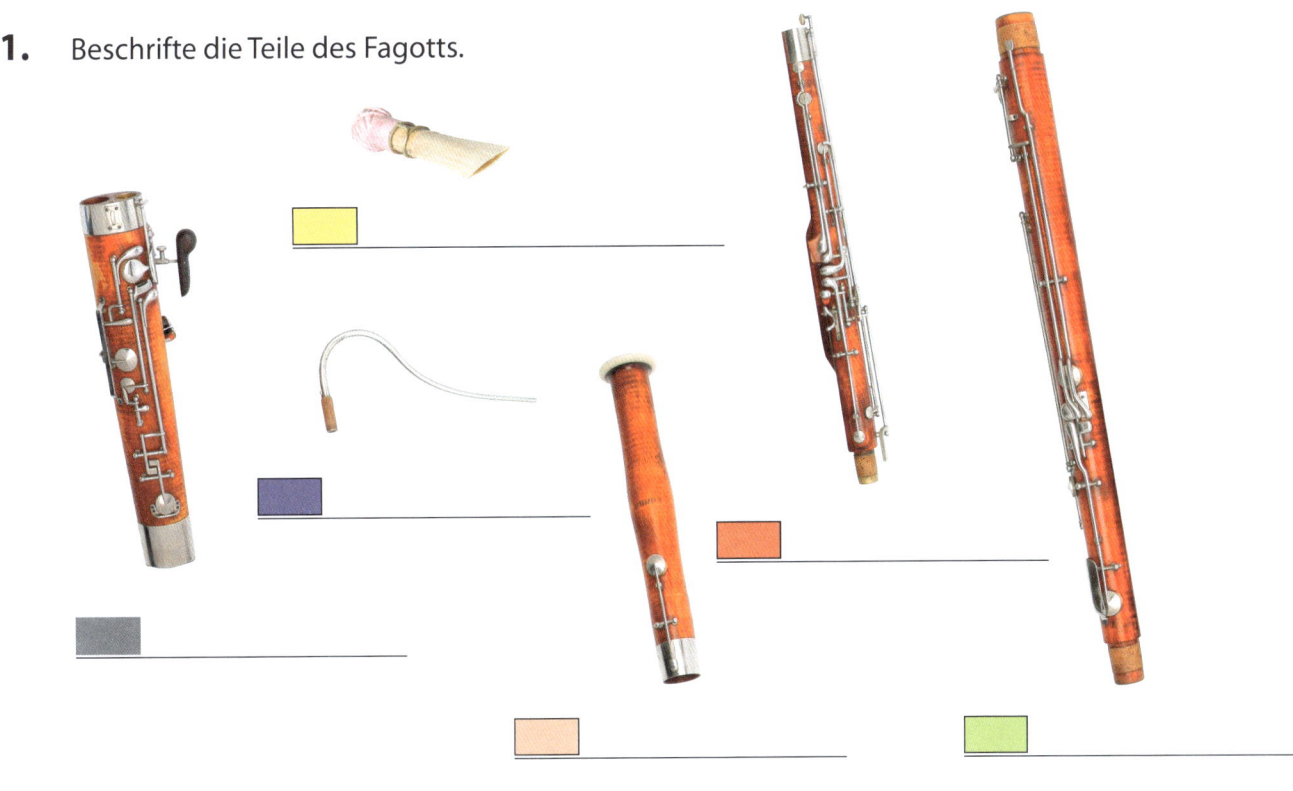

| Flügel | S-Bogen | Doppelrohrblatt | Bassröhre | Kopfstück | Stiefel |

2.   Male die Fagott-Teile in den vorgegebenen Farben aus.

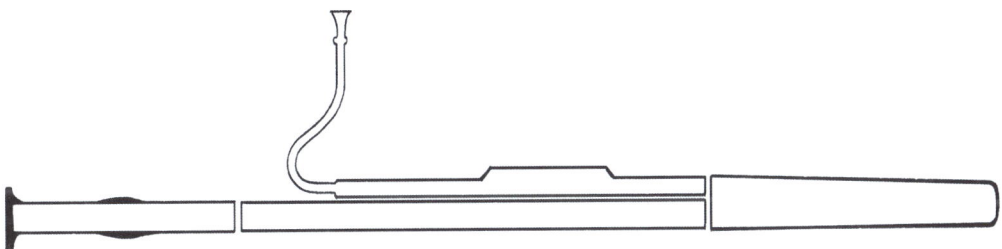

3.   Höre 3 Musikausschnitte und beschreibe mit den vorgegebenen oder eigenen Wörtern den Klang des Fagotts.

| samtig | mild | sonor | warm | malerisch | lebendig |

| durchdringend | klagend | voll | rund | glucksend |

Musikstück	Klang
Peter und der Wolf	
Scheherazade	
Le sacre du printemps	

1. Suche die abgebildeten Instrumente in Kapitel 14 des Schülerbuchs. Schreibe die Instrumentennamen unter die Bilder.

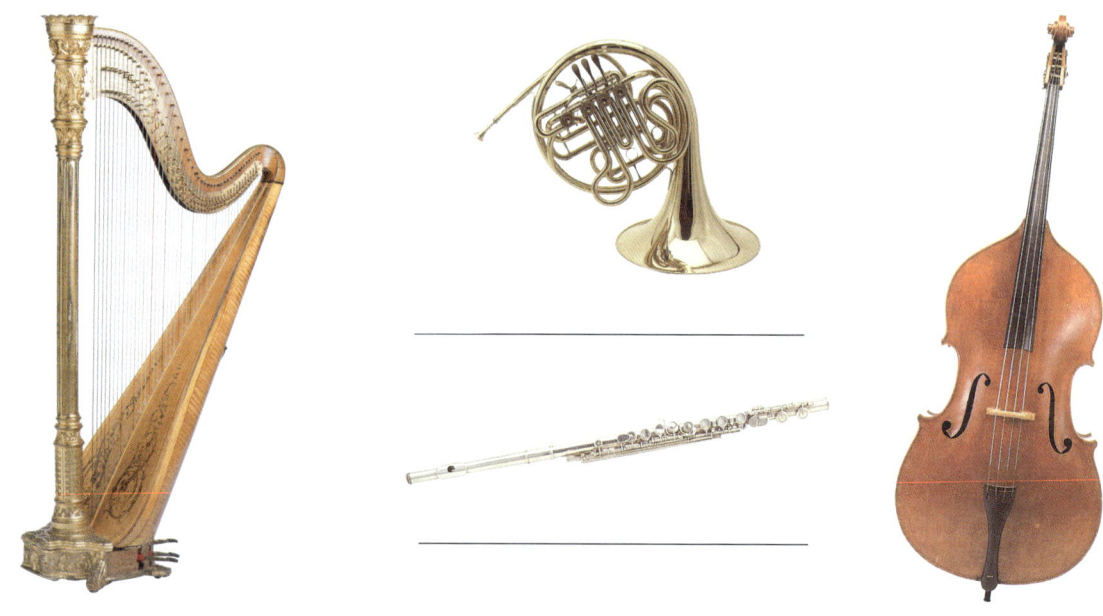

_____

_____

_____   _____

2. Wähle eins der Instrumente aus und beschreibe es mithilfe der Tabelle. Informiere dich im Schülerbuch und höre die Musikausschnitte. Sonstige Informationen kannst du in der Bücherei, im Internet oder durch ein Interview einholen.

Mein gewähltes Instrument: _____

Instrumentenfamilie	
Beschaffenheit	
Tonerzeugung	
Klang	
Sonstiges	

1. Wie werden unterschiedliche Tonhöhen bei der Posaune erzeugt? Beschreibe.

_____

_____

_____

_____

_____

_____

2. Ordne die Posaunen-Bilder von tief (1) nach hoch (4).

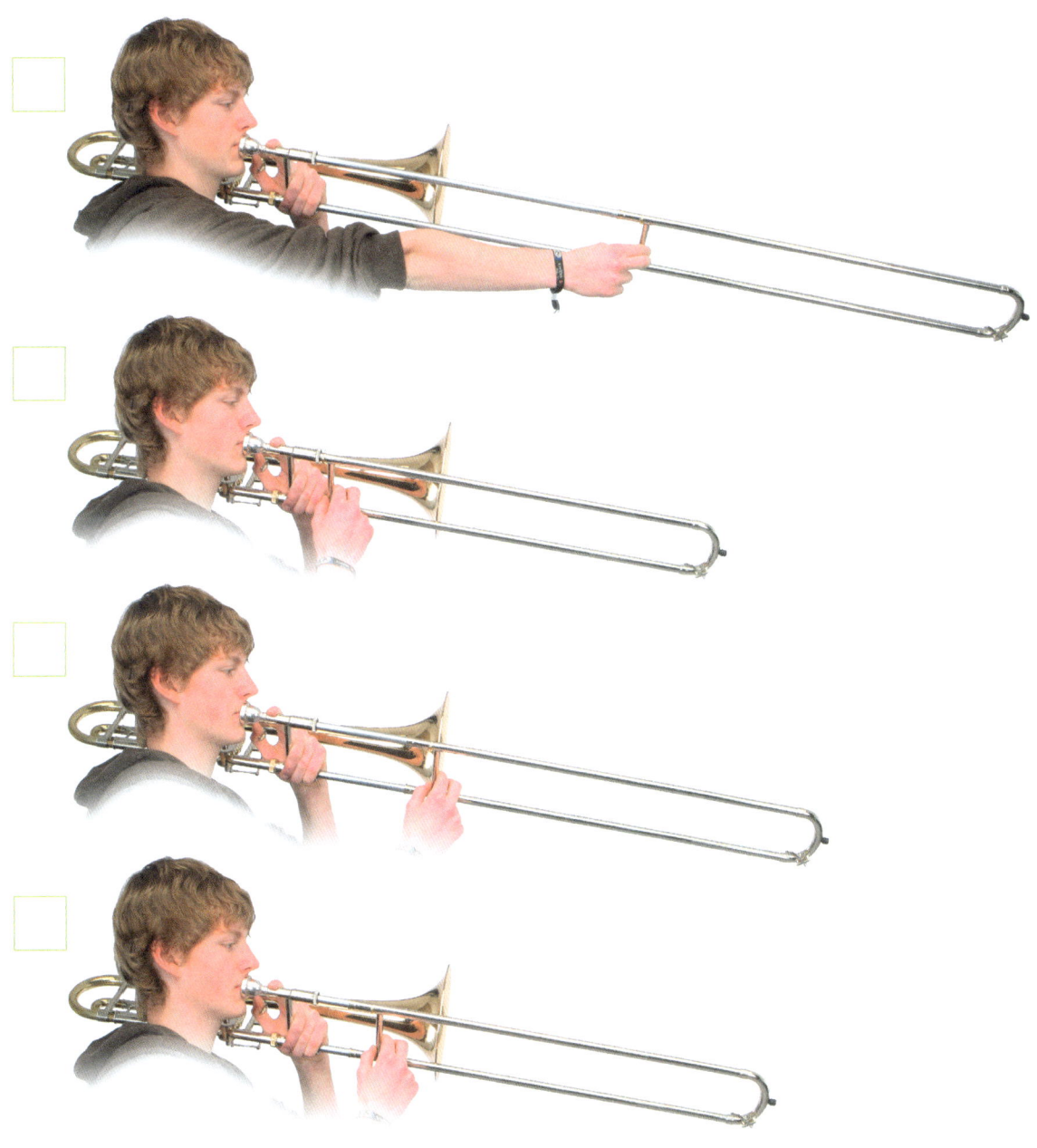

Lies die Textabschnitte und ordne sie den Bildern zu, indem du die passenden Buchstaben in die leeren Kästchen einträgst.

A Das Holz für die Gitarren wird in der Werkstatt in einem Lager bis zu 10 Jahre getrocknet. Erst dann wird es verarbeitet.

B Die Decke wird an der Unterseite mit Längs- und Querleisten verstärkt. Sie müssen mit Spezialwerkzeug sehr genau verarbeitet werden.

C Nachdem der Hals auf die Decke geleimt wurde, werden die vorgearbeiteten Zargen mithilfe einer dafür vorgesehenen Form auf der Decke fixiert.

D An den Kanten der Gitarre werden schmale, verzierte Streifen festgeleimt. Damit alles gut trocknen kann und gut hält, wird die Gitarre mit Bändern umwickelt.

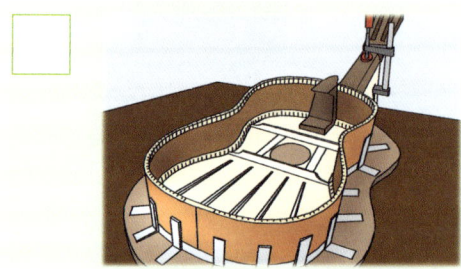

E Mit einem Spezialhammer werden die metallenen Bünde an genau festgelegten Stellen in das Griffbrett auf dem Gitarrenhals geschlagen.

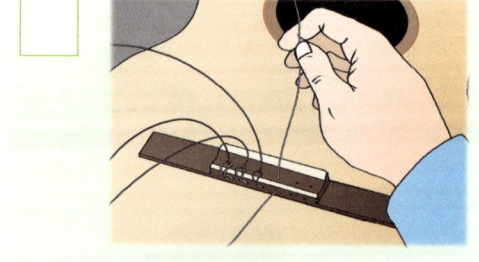

F Schließlich werden die Gitarrensaiten aufgezogen. Sie werden zuerst am Steg befestigt. Nachdem die Saiten gestimmt sind, kann die Gitarre gespielt werden.

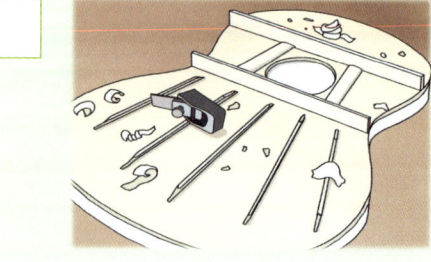

1. Ordne die Schlagzeug-Bestandteile den Namen zu, indem du die passenden Buchstaben in die leeren Kästchen einträgst.

	Ride-Becken
	Hi-Hat
	Snare Drum
	Stand-Tom-Tom
	Bass Drum
	Fußmaschine
	Hänge-Tom-Toms
	Crash-Becken
	Fußmaschine

2. Übe beide Rhythmen auf einem Tisch (mit Schwammtüchern als Dämmung) oder mit Bewegungen in der Luft ein. Benutze auch deinen rechten Fuß. Unterstütze deine Übung mit den Silben „bum" (Bass Drum), „tschik" (Snare Drum) und „ts" (Hi-Hat).

Rock- und Pop-Rhythmus

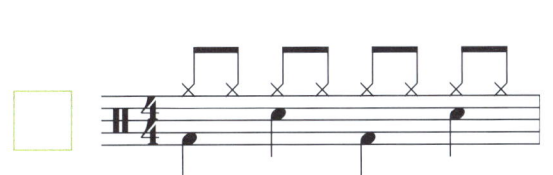

Swing-Rhythmus

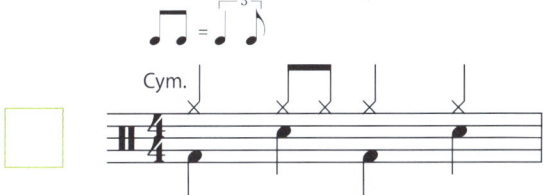

3. Spiele beide Rhythmen auf dem Schlagzeug.

4. Höre „Rock my soul" (A) und „C-Blues" (B). Welcher Rhythmus passt zu welchem Stück? Spiele dazu und trage ein.

5. Suche weitere Musikstücke im Schülerbuch, höre sie an und erfinde Schlagzeugrhythmen dazu. Schreibe deine Rhythmen in der Schlagzeugnotation auf.

Schlagzeugnotation

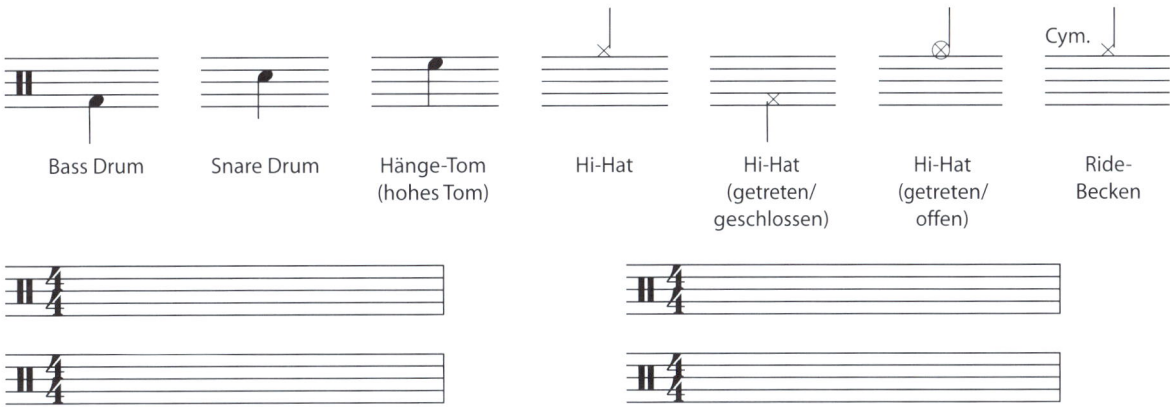

1. Setze die Klangzeichen mit Instrumenten um.

2. Fülle die Tabelle aus.

Klangzeichen	Bezeichnung	Klangbeschreibung	Instrumente

3. Erfindet in Gruppen ein Musikstück und schreibt es mit den Klangzeichen auf.

1. Singt das Lied: Takt 1 und 2 singt einer allein (Solo), Takt 3 und 4 singen alle zusammen (Chor). Die Strophen 2 bis 4 mit Übersetzung findet ihr im Schülerbuch.

1. Ek - mek bul - dum, ka - tık yok.   Ka - tık bul - dum, ek - mek yok.

Text und Melodie: aus der Türkei

Übersetzung der 1. Strophe:

Brot gefunden, Beilage fehlt. Beilage gefunden, Brot fehlt.

2. Untersuche den Liedtext im Schülerbuch. Nach welchem Prinzip ist er aufgebaut? Kreuze an.

☐ Die im Lied genannten Gegenstände sind ausschließlich Nahrungsmittel.

☐ Die Wörter „buldum" und „yok" bleiben immer an derselben Stelle.

☐ Die Gegenstände treten im zweiten Satz in umgekehrter Reihenfolge auf.

☐ Die Nomen müssen mit einem Vokal beginnen.

☐ Die Gegenstände einer Strophe passen zusammen.

☐ Die Nomen bestehen aus höchstens zwei Silben.

☐ Bestehen die Nomen aus einer Silbe, wird „bir" (ein/eine) hinzugefügt.

3. Verfasse mit den vorgegebenen Gegenständen einen eigenen Text, schreibe ihn auf und singe ihn.

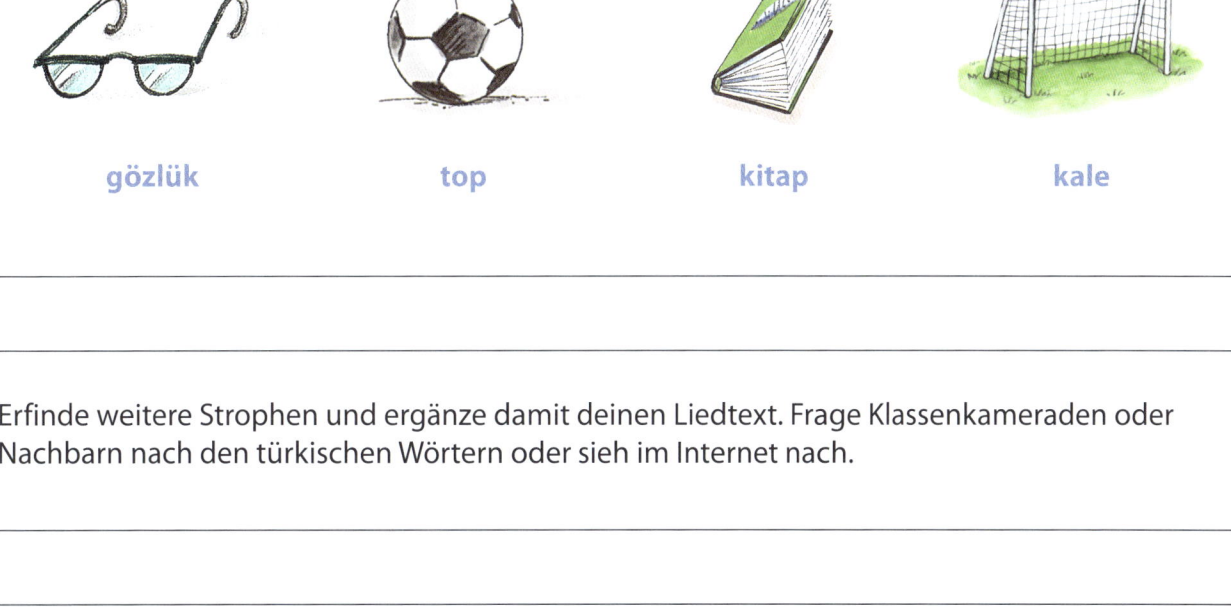

gözlük   top   kitap   kale

_____

_____

4. Erfinde weitere Strophen und ergänze damit deinen Liedtext. Frage Klassenkameraden oder Nachbarn nach den türkischen Wörtern oder sieh im Internet nach.

_____

_____

_____

5. Singt eure Liedtexte gemeinsam.

1. Singe das Lied und zeige den Melodieverlauf mit der Hand an.

2. Singe das Lied erneut und klatsche den Melodierhythmus mit.

3. Notiere das Lied.

Liedteile

Lied

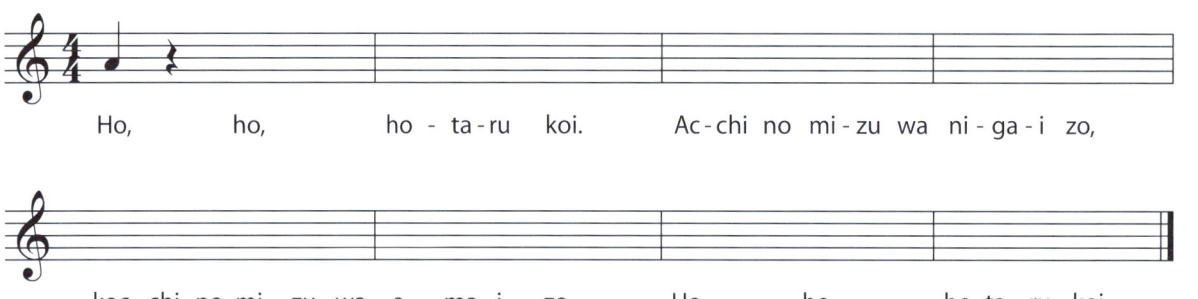

Ho,　　ho,　　ho - ta - ru　koi.　　Ac - chi　no　mi - zu　wa　ni - ga - i　zo,

koc - chi　no　mi - zu　wa　a - ma - i　zo.　　Ho,　　ho,　　ho - ta - ru　koi.

Text und Melodie: aus Japan

4. Was hat dir beim Notieren des Lieds geholfen? Überlege und kreuze an.

	Das hat mir gut geholfen.	Das hat mir ein bisschen geholfen.	Das habe ich nicht gebraucht.
den Melodieverlauf mit der Hand anzeigen			
den Melodierhythmus mitklatschen			
auf Pausen in der Melodie achten			
auf lang- und kurzklingende Töne achten			
auf Tonwiederholungen achten			
auf Tonschritte achten			
auf Tonsprünge achten			

1. Ergänze die Sätze.

Der Violinschlüssel legt den Ton _____ auf der _____ des Notensystems fest.

Der Violinschlüssel wird deshalb auch _____ genannt.

Der Bassschlüssel legt den Ton _____ auf der _____ des Notensystems fest.

Der Bassschlüssel wird deshalb auch _____ genannt.

g′	f	4. Linie	2. Linie	F-Schlüssel	G-Schlüssel

2. Schreibe die Melodie des „C-Blues" im Violinschlüssel auf. Schlage in Kapitel 23 des Schülerbuchs nach, wenn du Hilfe brauchst.

3. Schreibe die Bassmelodie des „C-Blues" im Bassschlüssel auf. Schlage in Kapitel 23 des Schüler-buchs nach, wenn du Hilfe brauchst.

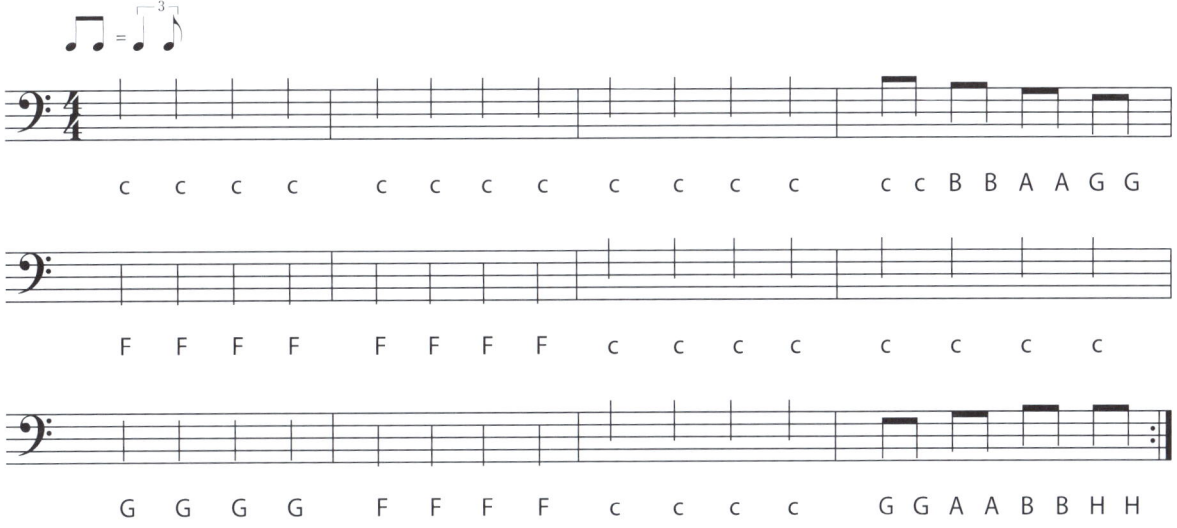

4. Spiele die Melodie im Violinschlüssel oder die Melodie im Bassschlüssel zur CD.

1. Sieh dir die Noten- und Pausenwerte in der Übersicht an und informiere dich im Schülerbuch über punktierte Noten.

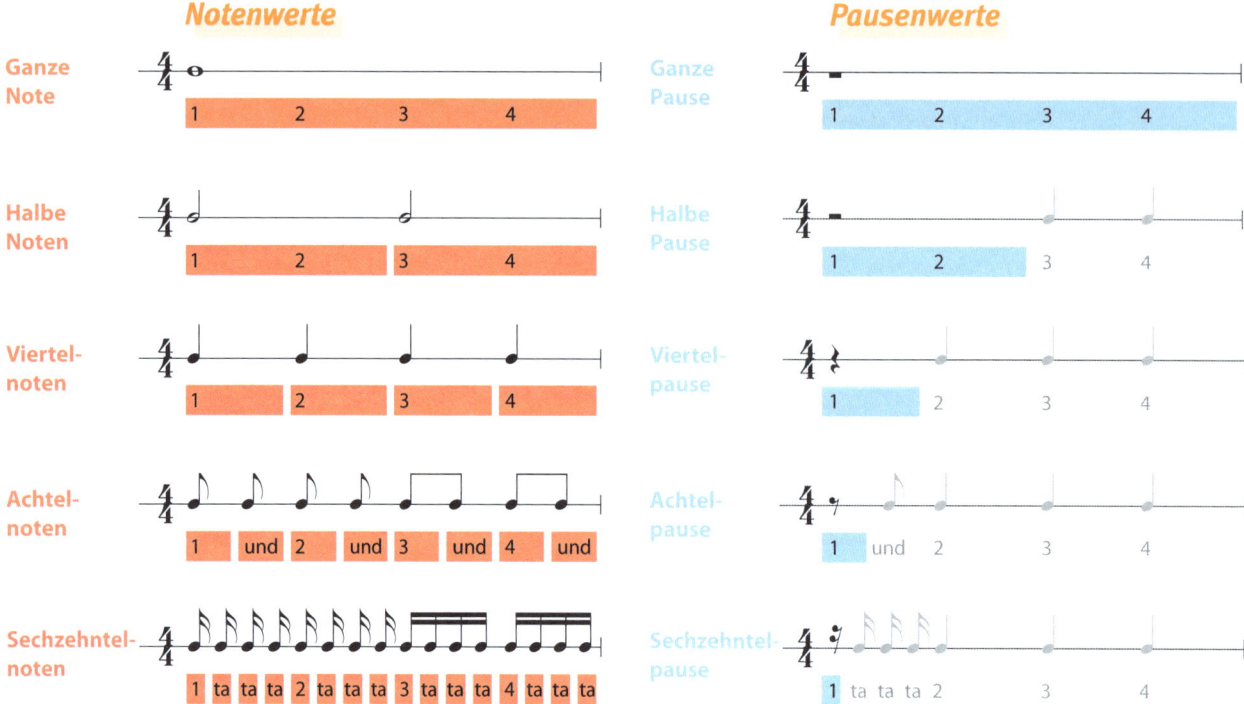

2. Trage die passenden Noten in die Lücken ein. In jede Lücke kommt nur eine Note.

3. Trage die passenden Pausen in die Lücken ein. In jede Lücke kommt nur eine Pause.

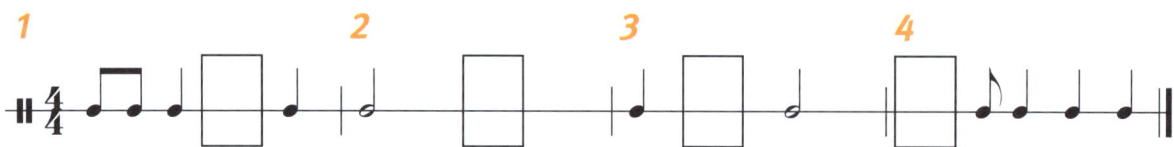

4. Klatscht euch die Rhythmen taktweise in unterschiedlicher Reihenfolge vor und findet heraus, welche Rhythmen geklatscht wurden.

5. Erfinde ein viertaktiges Rhythmusstück und schreibe es auf.

6. Klatsche dein Rhythmusstück einem Partner vor und lass es ihn aufschreiben.

7. Höre das Rhythmusstück deines Partners und schreibe es auf.

1. Beschreibe die Taktarten wie im vorgegebenen Beispiel zum 4/4-Takt.

$\frac{4}{4}$ Zähler
    Nenner

Achtel   ♩   2 Halbe   6 Achtel   ♪   Halbe

Beschreibung 4/4-Takt:

Der Nenner zeigt an, dass die Zähleinheit <u>Viertel</u> (♩) gilt. Der Zähler weist da-

rauf hin, dass in jedem Takt 4 Viertel sein müssen.

Beschreibung 6/8-Takt:

Der Nenner zeigt an, dass die Zähleinheit _____ (__) gilt. Der Zähler weist da-

rauf hin, dass in jedem Takt _____ sein müssen.

Beschreibung 2/2-Takt:

Der Nenner zeigt an, dass die Zähleinheit _____ (__) gilt. Der Zähler weist da-

rauf hin, dass in jedem Takt _____ sein müssen.

2. Höre „Knockin' on Heaven's Door" und „Eno sagrado en vigo" und klatsche jeweils den Grund-schlag leise mit. Betrachte dabei die unten abgebildeten Balken.

3. Höre die Musik erneut und male die Balken aus, die stärker betont werden. Setze anschließend Taktstriche vor die stärker betonten Balken und trage die Taktart in das Kästchen ein.

Knockin' on Heaven's Door

Eno sagrado en vigo

4. Vervollständige folgende Takte. Du hast mehrere Möglichkeiten.

5. Klatsche einem Partner die Rhythmen vor und lass ihn herausfinden, welchen Takt du jeweils klatschst.

6. Vervollständige den Schlusstakt. Du hast mehrere Möglichkeiten. Achtung: Auftakt!

1. Trage die Vortragsbezeichnungen in die passende Tabellenspalte ein.

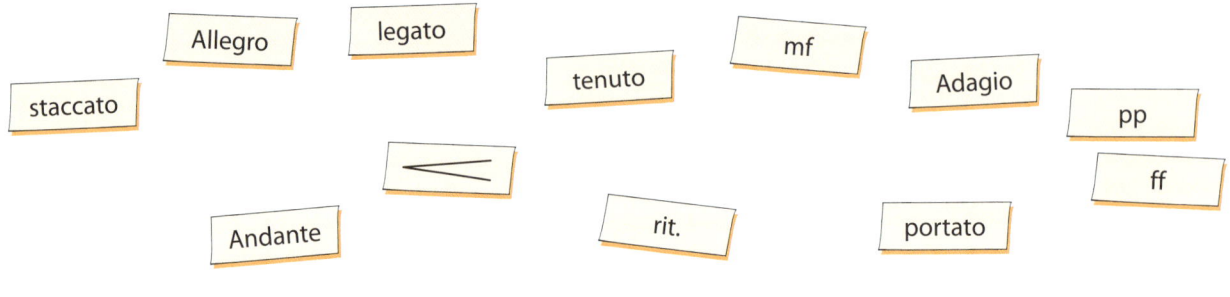

Tempo	Dynamik	Artikulation
_____	_____	_____
_____	_____	_____
_____	_____	_____
_____	_____	_____

2. Trage die Notennamen unter die Noten der Melodie ein.

3. Übe die Melodie mit einem Partner ein. Ihr könnt die Melodie auch auf Silben, Vokalen oder mit einem eigenen Text singen.

4. Spielt oder singt die Melodie mit unterschiedlichen Vortragsbezeichnungen. Wie wirkt die Melodie jeweils? Wie gefällt euch eure Melodie am besten?

5. Einigt euch auf zwei Versionen. Tragt die Vortragsbezeichnungen an den entsprechenden Stellen ein.

Version 1

Version 2

6. Spielt eine Version der Klasse vor. Sind alle von euch eingesetzten Vortragsbezeichnungen erkannt worden?

1. Finde zusammen mit einem Partner heraus, ob die folgenden Aussagen richtig oder falsch sind. Kreise die entsprechenden Buchstaben ein.

	richtig	falsch
„Besetzung" in der Musik meint die Anzahl oder Art von Instrumenten oder Singstimmen, die an der Darbietung eines Musikstücks beteiligt sind.	B	O
Nur wenn ein Musiker ohne Begleitung spielt, ist er ein Solist.	V	A
Eine typische Besetzung in der Rockmusik ist die Band.	R	U
In der Regel besteht die Besetzung eines Streichquartetts aus zwei Violinen, einer Viola und einem Cello.	I	A
Ein Duo besteht aus drei Instrumentalisten.	B	T
Singen zwei Sänger gemeinsam, dann spricht man von einem Duett.	O	D
Orchester und Chor sind auch Bezeichnungen für Besetzungen.	N	Z

2. Schreibe das Lösungswort auf.

____ ____ ____ ____ ____ ____ ____

3. Schreibe die passenden Besetzungsbezeichnungen unter die Bilder.

_____

_____

_____

_____

_____

_____

Duo   Streichquartett   Solist   Band   Duett   Trio

1. Ordne die Solmisationsbausteine den Rhythmusbausteinen zu, indem du sie mit Linien verbindest. Beachte, dass die Silbe „du" immer die betonte Zählzeit bezeichnet.

2/4-Takt

4/4-Takt

2. Schreibe eigene Rhythmusstücke im 2/4- oder 4/4-Takt mit Noten und Solmisationssprache auf.

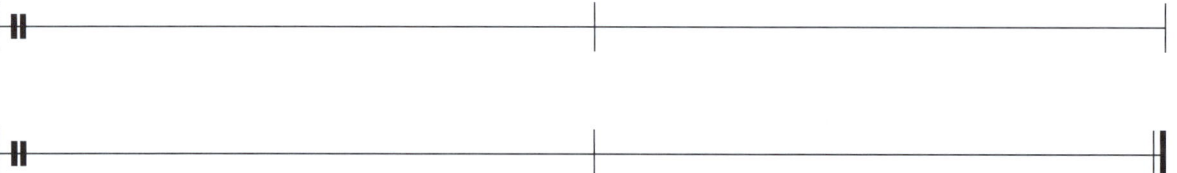

3. Trage dein Rhythmusstück vor und lass es von einem Partner aufschreiben.

4. Schreibe das Rhythmusstück deines Partners auf.

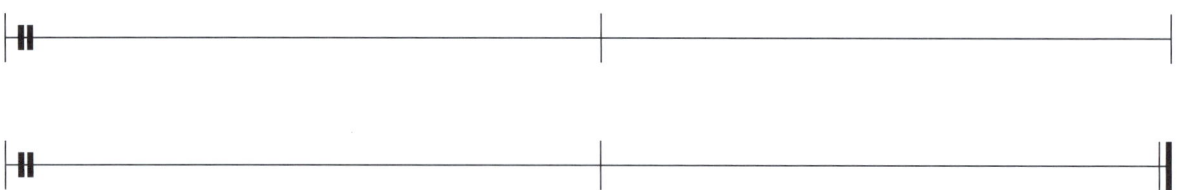